Alberto Moravia

Maria Angela Cernigliaro

A2-B1

preintermedio

EDILINGUA

www.edilingua.it

Maria Angela Cernigliaro, nata a Napoli nel 1954, si è laureata in Lettere classiche e in Storia e Filosofia presso l'Università Federico II. In possesso di Master e del Dottorato in Letteratura italiana, oggi insegna presso l'Istituto Italiano di Cultura e l'Università Capodistriaca di Atene. È autrice di varie opere sull'insegnamento/apprendimento della lingua italiana e collabora, inoltre, con l'Università di Perugia e di Venezia.

© **Copyright edizioni Edilingua**
Sede legale
Via Alberico II, 4 00193 Roma
Tel. +39 06 96727307
Fax +39 06 94443138
info@edilingua.it
www.edilingua.it

Deposito e Centro di distribuzione
Via Moroianni, 65 12133 Atene
Tel. +30 210 5733900
Fax +30 210 5758903

II edizione: marzo 2016
ISBN: 978-960-693-085-0 (Libro)
ISBN: 978-960-693-084-3 (Libro + CD audio)
Redazione: Daniela Barra, Antonio Bidetti
Impaginazione e progetto grafico: Edilingua
Illustrazioni: Stefano Delli Veneri
Registrazioni: *Autori Multimediali* (Milano)

Edilingua
sostiene
actionaid
Grazie all'adozione di questo libro, Edilingua adotta a distanza dei bambini che vivono in Asia, in Africa e in Sud America. Perché insieme possiamo fare molto! Ulteriori informazioni sul nostro sito.

Stampato su carta priva di acidi, proveniente da foreste controllate.

Ringraziamo sin da ora i lettori e i colleghi che volessero farci pervenire eventuali suggerimenti, segnalazioni e commenti (da inviare a redazione@edilingua.it).

Legenda dei simboli

Fai gli esercizi 1-3 nella sezione *Attività*

Indice

Indice delle tracce del CD audio

Le opere di Alberto Moravia sono tratte da *Alberto Moravia, Romanzi e Racconti*, collana i Classici Bompiani, 2000-2007, 4 voll.

Premessa

La collana *Primiracconti* classici - *testi letterari facilitati* nasce con l'obiettivo di offrire agli studenti l'opportunità di leggere scrittori italiani che, per le soluzioni stilistiche adottate, il linguaggio adoperato, la loro capacità di cogliere la semplicità/complessità della quotidianità e dell'animo umano, si sono affermati e sono oramai un punto di riferimento nella letteratura italiana. In ogni volume, dedicato interamente ad uno scrittore, vengono presentati dei testi facilitati, senza intaccare lo stile dell'autore, affinché lo studente possa da una parte soddisfare il piacere della lettura con un testo di prosa non troppo esteso né difficile da comprendere e dall'altra possa raggiungere una maggiore conoscenza della lingua e della cultura italiana. Ogni testo, infatti, è corredato da attività mirate allo sviluppo di varie competenze, in particolare quelle legate alla comprensione del testo, all'analisi lessicale e linguistica, alla produzione scritta e orale.

Il volume è arricchito da originali disegni (presenti anche nella sezione delle attività) che, oltre ad avere una funzione estetica, sono stati pensati e realizzati per aiutare lo studente a raggiungere una maggiore e più completa comprensione del testo. Allo stesso scopo sono state inserite le note a piè di pagina, ben calibrate nel testo per non appesantirne la lettura.

La scelta dei testi rispecchia la volontà di dare un'immagine quanto più completa possibile dello scrittore in esame e ciascun testo letterario è preceduto da una breve introduzione che ne consente la contestualizzazione.

Alberto Moravia può essere usato sia in classe sia individualmente, così come le attività relative ad ogni capitolo possono essere svolte sia in gruppo sia dal singolo studente.

Tutti i volumi della collana *Primiracconti classici* sono disponibili con o senza CD audio che fornisce allo studente l'opportunità di ascoltare la pronuncia e l'intonazione corretta del testo, cosa quanto mai importante e sicuramente sempre gradita.

Buona lettura!

ALBERTO MORAVIA
NOTA BIOGRAFICA

Moravia nasce a Roma il 28 novembre del 1907; in realtà si chiamava Alberto Pincherle, Moravia era il cognome della nonna paterna. È stato uno dei più importanti romanzieri italiani del XX secolo: i suoi libri sono stati tradotti in tutto il mondo e alcuni di questi sono diventati dei film.

Il successo è arrivato nel 1929 con il romanzo esistenzialista[1] *Gli indifferenti*, che ha scritto all'età di circa vent'anni, durante un periodo in cui cercava di guarire da una grave malattia alle ossa. Ha pubblicato nella sua lunga carriera più di quaranta titoli tra romanzi, racconti, saggi e diari di viaggio. È stato scrittore, critico e saggista, si è interessato al cinema, al teatro e all'arte; ha avuto la passione dei viaggi, è stato inviato speciale in varie parti del mondo, ha viaggiato a lungo in Africa. Ha preso la parola su questioni d'impegno civile e, in maturità, tra il 1984 e il 1989, è stato deputato al Parlamento Europeo dedicandosi al disarmo nucleare e sostenendo l'urgenza d'una presa di coscienza etica contro le "armi non compatibili" e contro ogni guerra.

Il tema centrale dell'opera di Moravia ha relazione con la crisi morale del '900, caratterizzata dall'ipocrisia dei rapporti sociali e dalla sostanziale incapacità degli uomini, specialmente della classe borghese, di trovare la felicità. Trasportati da una logica del denaro e del sesso, e presi dal sistema consumistico accettano passivamente una vita fatta di falsità e ipocrisie. I suoi personaggi, infatti, soffrono spesso di noia, indifferenza e apatia. L'indifferenza sembra essere la condizione dell'uomo moderno che, soddisfatti i bisogni primari, non trova più stimoli che lo facciano sentir vivo. Da questa condizione, l'uomo descritto da Moravia non ha possibilità di fuga, ma soltanto la possibilità di entrare in contatto con

---

1. *esistenzialista*: corrente filosofica che si è sviluppata tra gli anni '20 e '30 del secolo scorso, storicamente influenzata dagli orrori della Prima Guerra Mondiale. Il pensiero comune è l'esistenza dell'uomo, il suo essere specifico e originale con tutte le difficoltà nei rapporti tra una persona e il mondo intorno a lui.

il mondo e provare qualcosa. E questo contatto con il mondo avviene attraverso la liberazione dei sensi e degli istinti, attraverso il sesso.

Moravia è famoso per il suo modo di scrivere semplice, ma molto efficace. Si è sposato tre volte (le prime due mogli, Elsa Morante e Dacia Maraini, sono anche loro famose scrittrici, molto amate dal pubblico italiano e straniero). Alberto Moravia muore a Roma il 26 settembre del 1990.

OPERE DI ALBERTO MORAVIA

Tra i titoli più importanti ricordiamo:

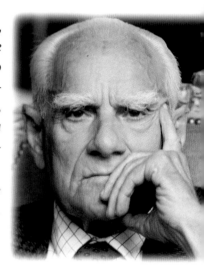

Gli indifferenti (1929), Agostino (1944), La Romana (1947), L'amore coniugale (1949), Il conformista (1951), Il disprezzo (1954), Racconti romani (1954)[2], La ciociara (1954), La noia (1960), Io e lui (1971), La vita interiore (1978), 1934 (1982), La cosa e altri racconti (1983), L'inverno nucleare (1986).

Tra i diari di viaggio ricordiamo: Un mese in Urss (1958), Un'idea dell'India (1962), La rivoluzione culturale in Cina (1968), Lettere dal Sahara (1981).

---

2. Alcuni dei racconti presenti nel volume (Il picche nicche, Pignolo, La ciociara, Le sue giornate, La raccomandazione, Quant'è caro) fanno parte della serie dei Racconti romani, pubblicati nel 1954 e che raccolgono diversi brevi racconti usciti negli anni precedenti sul Corriere della Sera. La caratteristica è che i personaggi principali, appartenenti al sottoproletariato o alla piccola borghesia, narrano storie semplici e quotidiane che hanno vissuto nella loro città, Roma.

Ambientato negli anni del fascismo, Moravia mette in risalto l'ipocrisia dei personaggi Carla e Michele Ardengo, due giovani fratelli che, incapaci di provare veri sentimenti, vivono la noia e l'indifferenza nella loro vita. La loro madre Mariagrazia, rimasta vedova, ha un amante, Leo Merumeci che mira ad impadronirsi dell'intero patrimonio della famiglia Ardengo. Un giorno, Leo chiede a Carla di sposarlo anche se lei non lo ama. Carla, attirata dall'idea di una nuova vita, diversa da quella noiosa di prima, accetta una squallida[1] e tranquilla vita borghese[2] che le assicura il benessere, anche se dovrà rinunciare[3] all' amore...

Gli indifferenti

Avrebbe sposato Leo... vita in comune, dormire insieme, mangiare insieme, uscire insieme, viaggi, sofferenze, gioie... avrebbero avuto una bella casa, un bell'appartamento in un quartiere elegante della città... qualcuno entra nel salotto arredato con lusso e buon gusto, è una signora sua amica, lei le va incontro... prendono il tè insieme, poi escono; la sua macchina le aspetta alla porta; salgono; partono... Si sarebbe chiamata signora, signora Merumeci; strano, signora Merumeci... Le sembrava di vedersi, un po' più alta, più grande, le gambe ingrossate, i fianchi[4] più larghi – il matrimonio ingrassa – dei gioielli al collo e sulle dita, ai polsi[5]; più dura, più fredda, splendida ma

---

1. *squallido*: triste e misero.
2. *borghese*: aggettivo usato per indicare la vita che conducono le persone che stanno economicamente bene (professionisti, funzionari, commercianti) e per indicare le caratteristiche e la mentalità di questa classe: attaccamento al benessere economico, volere una vita tranquilla e abitudinaria, seguire o mostrare di seguire le regole sociali.
3. *rinunciare*: rifiutare, dire di no a qualcosa.
4. *fianco*: la parte laterale del corpo, sotto le costole, vicino alla pancia.
5. *polso*: parte del corpo tra il braccio e la mano.

fredda, come una donna che, dietro quei suoi occhi rigidi[6], nasconde un segreto, e per conservarlo nascosto, uccide nella sua anima ogni sentimento. Così vestita elegantemente, eccola entrare nella sala affollata di un albergo; suo marito la segue, Leo, un po' più calvo, un po' più grasso, ma non molto cambiato; siedono, prendono il tè, ballano, molti la guardano e pensano: «Bella, donna bella ma cattiva... non sorride mai... ha gli occhi duri... sembra una statua... chissà a che cosa pensa». Altri in piedi, laggiù presso le colonne della sala, mormorano[7] tra di loro: «Ha sposáto l'amico di sua madre... un uomo più vecchio di lei... non lo ama e certamente deve avere un amante».

Tutti mormorano, pensano, la guardano; lei sta seduta vicino a quel suo marito, tiene le gambe accavallate[8], fuma [...], il vestito è corto, la scollatura[9] è profonda... tutti l'osservano con desiderio; lei risponde loro con sguardi pieni d'indifferenza... Una camera... ecco: la signora Merumeci, in ritardo per qualche visita di obbligo, corre incontro al suo amante; tra quelle braccia perde quella sua durezza di statua, queste donne rigide sono sempre le più passionali, ridiventa ragazza, piange, ride, balbetta[10], è come una prigioniera liberata che rivede infine la luce... la sua gioia è bianca, tutta la stanza è bianca, lei è senza macchia[11] tra le braccia dell'amante... la purezza è ritrovata. Poi, quando vien l'ora, stanca e felice, torna alla casa coniugale e ricompone sul suo volto l'abituale freddezza... La sua vita continua così per degli anni... molti la invidiano... lei è ricca, si diverte, viaggia,

---

6. *rigido*: duro, immobile.
7. *mormorare*: parlare a bassa voce per fare pettegolezzo, parlare male di altre persone.
8. *accavallare (le gambe)*: mettere le gambe una sull'altra.
9. *scollatura*: profonda apertura di un vestito femminile sul collo e sul petto.
10. *balbettare*: parlare ripetendo la stessa sillaba di una parola.
11. *senza macchia*: puro, pulito, senza peccato.

ha un amante, che altro può volere di più? Tutto quello che può avere una donna, lei lo ha...

Agostino è un adolescente tredicenne, la cui vita è dominata da un'unica figura femminile che lui adora: sua madre. Questo rapporto cambia quando nella loro vita entra un giovane, che tenta di avere una relazione con sua madre. Agostino riuscirà così a staccarsi[1] dal rapporto esclusivo con sua madre e, dunque, anche dall'adolescenza.

Agostino

Nei primi giorni d'estate, Agostino e sua madre uscivano tutte le mattine sul mare in pattino[2]. Le prime volte, la madre aveva fatto venire anche un marinaio[3], ma Agostino, aveva mostrato chiaramente che la presenza dell'uomo gli dava fastidio e, perciò, da quel momento ha incominciato a remare[4] da solo. [...]

La madre di Agostino era una grande e bella donna ancora giovane; e Agostino provava un sentimento di orgoglio[5] quando saliva sul pattino con lei per una di quelle gite del mattino. Tutti i bagnanti[6] della spiaggia, come gli pareva, li osservavano e ammiravano sua madre invidiando[7] lui; convinto di avere su di sé tutti gli sguardi, parlava con una voce più forte del solito, e si comportava come un attore di teatro sotto gli occhi attenti di centinaia di spettatori. Qualche volta la madre si presentava con un costume nuovo; e lui sempre lo notava ad alta voce, con il desiderio segreto di farsi sentire dagli altri; oppure la madre lo mandava a prendere qualche oggetto

---

1. staccarsi: allontanarsi, interrompere.
2. pattino: piccola imbarcazione a remi o a pedali.
3. marinaio: persona che lavora su una barca, una nave ecc.
4. remare: usare i remi per far muovere la barca.
5. orgoglio: grande stima di sé, sentirsi superiori agli altri.
6. bagnante: persona che fa il bagno al mare, che trascorre le vacanze al mare.
7. invidiare: desiderare quello che hanno gli altri.

nella cabina[8], restando in piedi sulla riva del mare, vicino al pattino. Lui faceva tutto quello che sua madre ordinava con una gioia segreta, contento di fare durare un po' di più lo spettacolo della loro partenza. Finalmente salivano sul pattino, Agostino prendeva i remi e andavano in alto mare[9].

Ma ancora per molto tempo portava nell'animo il sentimento del suo orgoglio di figlio. Appena si trovavano a gran distanza dalla riva, la madre diceva al figlio di fermarsi, si metteva in capo la cuffia[10] di gomma, si toglieva i sandali ed entrava in acqua. Agostino la seguiva. Tutti e due nuotavano intorno al pattino; parlavano lietamente con voci che suonavano alte nel silenzio del mare tranquillo e pieno di luce [...].

Finito il bagno, risalivano sul pattino e la madre, guardando intorno a sé il mare calmo e luminoso diceva: – Com'è bello, non ti sembra?

Agostino non rispondeva perché sentiva che poteva godersi[11] quella bellezza del mare e del cielo, soprattutto grazie alla profonda intimità dei suoi rapporti con la madre.

Senza questa intimità – gli accadeva di pensare – che sarebbe rimasto di quella bellezza? Restavano ancora per molto tempo ad asciugarsi, e quando il sole, verso mezzogiorno, diventava più forte, la madre si stendeva[12] con i capelli nell'acqua, il viso[13] verso il cielo, e con gli occhi

---

8. *cabina*: piccola casetta in legno per i bagnanti che in spiaggia vogliono cambiarsi il costume o d'abito.
9. *in alto mare*: in mare aperto, lontano dalla riva.
10. *cuffia*: un tipo di copertura di plastica per non bagnarsi i capelli che si usa al mare o in piscina.
11. *godersi*: essere soddisfatto e provare gioia.
12. *stendersi*: mettersi con braccia e gambe distese, allungate, non piegate.
13. *viso*: volto, faccia.

chiusi, pareva addormentarsi; mentre Agostino, seduto sul banco del pattino, si guardava intorno, guardava la madre e restava in assoluto silenzio per timore di disturbare quel sonno. Ad un tratto[14] la madre apriva gli occhi [...] e chiedeva ad Agostino il portasigarette; o meglio gli diceva di accendere lui stesso la sigaretta e di dargliela; tutte cose che Agostino faceva con attenzione. [...] Una mattina la madre si trovava sotto l'ombrellone e Agostino stava seduto vicino a lei. Aspettava la solita ora della gita in mare.

All'improvviso l'ombra di una persona in piedi gli ha nascosto il sole davanti a lui: alzando gli occhi, ha visto un giovane bruno e robusto che tendeva la mano alla madre. Non ha dato importanza alla cosa, pensando ad una delle solite visite che le facevano per caso; e, facendosi un po' da parte, stava aspettando la fine della conversazione. Ma il giovane non si è seduto, e indicando sulla riva il pattino bianco con il quale era venuto, ha invitato la madre per una passeggiata in mare.

Agostino era sicuro che la madre avrebbe rifiutato questo come tanti altri simili inviti precedenti; grande perciò è stata grande la sua sorpresa vedendola subito accettare, cominciare senz'altro a raccogliere la roba, i sandali, la cuffia, la borsa, e poi alzarsi in piedi. La madre aveva accettato la proposta del giovane con una semplicità simile a quella che metteva nei rapporti con il figlio; con la stessa semplicità, rivolgendosi ad Agostino che era rimasto seduto e, a testa bassa, faceva scorrere la sabbia nel pugno[15] chiuso, gli ha detto di fare pure il bagno da solo; lei andava per un breve giro e sarebbe tornata poco dopo.

Il giovane, intanto, sicuro di sé, già si stava avviando verso il pattino; e la donna, buona buona, è andata dietro di lui con la solita serenità e lentezza da donna elegante.

4-6

---

14. *ad un tratto*: all'improvviso, improvvisamente.
15. *pugno*: la mano chiusa con le dita piegate.

Egisto, protagonista del racconto, possiede una cartolibreria dove lavora con la moglie e racconta le piccole rivalità fra i bottegai di Roma in occasione delle festività natalizie. Il titolo di questo racconto, in dialetto romano, significa "Il pic nic".

Il picche nicche
Racconti romani

Natale, Capodanno, Befana, quando verso il quindici di dicembre comincio a sentire parlare di feste, tremo, come a sentir parlare di debiti da pagare e per i quali non ci sono soldi. [...] Forse in tempi lontani, Natale, Capodanno e Befana erano vere feste, modeste ma sincere [...]. Ma pian-pianino, anche i più scemi hanno capito che con le feste si poteva guadagnare; e così, adesso lo fanno. Feste per i furbi, dunque, che vendono roba da mangiare; non per i poveretti che la comprano. [...]

Del resto[1], per essere sicuri che ho detto la verità, guardate la strada dove ho la mia bottega, il mio negozio di cartolaio. In fila, uno dopo l'altro, ci sono Tolomei il salumiere, De Santis il venditore di polli, De Angelis il fornaio, e Crociani il vinaio. Guardate attentamente, che vedete? Montagne di formaggi e di prosciutti, polli e galline, sacchi pieni di tortellini, piramidi di fiaschi e di bottiglie, luce e splendore, gente che va e gente che viene, dalla mattina alla sera, senza interruzione, come in un porto di mare, nei primi quattro negozi. Nella mia cartolibreria, invece, silenzio, ombra, calma, la polvere sul banco, e, sì e no, qualche ragazzino che viene a comprarsi il quaderno [...].

Qualche giorno prima di Capodanno, mia moglie, una mattina, mi fa:
– Senti, Egisto, che bell'idea... Crociani ha detto che a Capodanno ci

---

1. *del resto*: d'altra parte.

riuniamo tutti e cinque noi commercianti di questa parte della strada, e facciamo un picche nicche per la fine dell'anno.

– E che cos'è il picche nicche? – ho chiesto.

– Beh, sarebbe il cenone tradizionale.

– Tradizionale?

– Sì, tradizionale, ma in questo modo: ognuno porta qualche cosa e così tutti offrono a tutti.

– Questo è il picche nicche?

– Sì, questo è il picche nicche... De Angelis ci metterà i tortellini, Crociani il vino e lo spumante, Tolomei gli antipasti, De Santis i tacchini...

– E noi?

– Noi dovremmo portare il panettone.

Non ho detto nulla. E lei ha insistito:
– Non è una bella idea questo picche nicche?... Allora gli dico che accettiamo? [...]

Ho detto finalmente: – Per me, mi pare che questo picche nicche non sia tanto giusto... De Angelis i tortellini ce li ha nel negozio, e così Crociani il vino, Tolomei gli antipasti e De Santis i tacchini... ma io che ho nel mio? Un bel niente... il panettone devo comprarlo.

– Che dici? ... Anche loro, la roba la pagano, certo non gli cresce in negozio... che dici... lo vedi che sei sempre il solito... vuoi sempre fare il difficile, ragionare, fare il sottile... e poi ti lamenti che le cose non ti vanno bene.

[...] alla fine ho detto: – Va bene, al loro picche nicche... porteremo il panettone.

Lei mi ha pregato, allora, di portarlo grande, per non fare brutta figura: due chili, almeno. E io ho promesso un bel panettone grande.

L'ultimo dell'anno l'ho passato, al solito, a vendere cartoline di auguri e carta per i presepi. [...]

Alle dieci e mezzo, entrammo nel portone di Crociani che aveva la casa proprio sopra il negozio. [...] Crociani ci guidò con orgoglio nella stanza da pranzo: mamma mia che bellezza! Tutti mobili nuovi [...].
...eravamo tutti presenti.

Chi c'era? C'era Tolomei, un giovanotto coi baffi [...]; c'era De Angelis, il fornaio, un ometto piccolo, con la faccia da scemo [...]; c'era De Santis, il venditore di polli, che è rimasto contadino [...]. C'erano le mogli loro, tutte ingioiellate [...]. Dico la verità, vedendoli seduti a tavola, mi piacevano anche meno [...].

Ci siamo messi a tavola che erano le undici e abbiamo subito iniziato con gli antipasti di Tolomei. [...]

Finiti i tacchini, venne un'insalata che nessuno toccò, poi il formaggio e la frutta, e quindi Crociani ha detto che era mezzanotte, mostrando la bottiglia di spumante, che, come ha fatto notare, era autentico francese, di quello che lui vendeva caro. Sul punto, però, di togliere il tappo[2] allo spumante, tutti gridarono: – Egisto, tocca a te, facci vedere il tuo panettone.

[...] – Questo è un panettone proprio speciale... ora vedrete –. Ho aperto la scatola, ho messo dentro la mano e ho cominciato la distribuzione: una penna, un quaderno e un libro per uno. [...] Davanti a questa distribuzione, tutti sono rimasti in silenzio sorpresi; non capivano, anche perché erano pieni di vino e cibo.

Finalmente, De Angelis ha detto: – Ma, Egisto, abbi pazienza, che è 'sto[3] scherzo? Non siamo certo bambini che andiamo a scuola.

De Santis, arrabbiato ha domandato: – E il panettone dov'è?

Io mi sono alzato in piedi e ho risposto: – Questo è un picche nicche, non è vero? Ognuno ha portato la roba che aveva nel negozio, non è

---

2. *tappo*: oggetto, in genere di sughero o di plastica, che serve per chiudere le bottiglie.
3. *'sto*: questo (in dialetto romano).

vero... e io ho portato quello che avevo: penna, quaderno, libro.

– Ma che – ha detto ad un tratto Tolomei, – sei scemo o fai finta di esserlo?

– No – risposi, – non sono scemo ma cartolaio...

De Angelis cercando di riportare la calma, ha detto: – Basta, mettiti a sedere, non arrabbiamoci –. Da qualche parte sono usciti fuori alcuni dolci, sono state aperte altre bottiglie e tutti hanno bevuto. Ma, come ho notato, al brindisi[4] nessuno ha voluto bere alla mia salute.

Allora mi sono alzato e, con il bicchiere in mano, ho detto: – Visto che non volete bere alla mia salute, il brindisi lo faccio io... Che possiate dunque, durante questo anno, leggere un po' più, anche se, per caso, venderete un po' meno.

C'è stato un coro di proteste e poi Crociani, che aveva bevuto più degli altri, arrabbiato, ha iniziato a gridare: – Ora basta, iettatore[5]... ci porti sfortuna... basta, buffone[6], scemo, ignorante, pagliaccio.

Ora tutti mi insultavano; io rispondevo calmo, anche se mia moglie mi tirava per la manica. [...]

Insomma, non so come, mi sono ritrovato in strada, con un gran freddo, e con mia moglie che piangeva e ripeteva: – Lo vedi che hai fatto... ora ci siamo fatti dei nemici e l'anno che verrà sarà peggio di quello che è finito.

Così, discutendo, tra botti[7] e oggetti che volavano dalle finestre, siamo tornati a casa.

7-9

_____

4. *brindisi* (il): alzare il bicchiere per bere in onore di qualcuno, augurando salute e felicità.

5. *iettatore*: persona che porta iella, sfortuna.

6. *buffone*: persona che scherza sulle cose serie, si comporta in modo ridicolo per provocare le risate degli altri.

7. *botti* (i): petardi, piccole bombe che si fanno esplodere soprattutto a Capodanno.

Con il termine "pignolo" indichiamo una persona che dà attenzione ai minimi particolari, anche a quelli più insignificanti. Spesso questo atteggiamento, soprattutto quando lo si pretende dagli altri, infastidisce molto. Tu cosa ne pensi?

Pignolo
Racconti romani

Adesso, quando m'incontra per strada, Peppino va avanti senza salutarmi, ma c'era stato un tempo in cui eravamo amici [...]. Peppino è un piccoletto con le spalle larghe e le gambe corte che cammina tutto preciso, senza muovere il busto[1] e la testa, che sembrano fatti di legno. [...] Anche a non conoscerlo, lo porta scritto in fronte quello che è: pignolo. [...] Ma oltre che pignolo, Peppino ha un altro piccolo difetto, la vanità. I pignoli, di solito, non sono vanitosi, al contrario: modesti, discreti, chiusi, seri, non danno fastidio a nessuno. Invece Peppino è un pignolo vanitoso. [...]

Un giorno, al bar, Peppino ha annunciato con solennità[2], quattro mesi prima di riceverla, che aveva ordinato la macchina ad una fabbrica di Torino. Gli amici, tutta gente che non è nata ieri, di macchine ne hanno vedute e discusse a centinaia. [...]

– ... ma la mia macchina sarà una cosa proprio speciale.

– Perché – ha domandato uno che al banco stava bevendo un aperitivo, – forse avrà cinque ruote?

Peppino ha un'altra particolarità: non capisce lo scherzo. – Ne avrà

---

1. busto: parte del corpo umano che comprende il petto, la parte sopra la pancia.
2. solennità: con grande formalità vista l'importanza della notizia che veniva data.

cinque sicuro... quattro e una di ricambio[3]... no, sarà speciale perché ha un tipo nuovo di carrozzeria[4]... a Torino sono anni che la studiano, e io sarò il primo ad averla, figurati.

E giù spiegazioni lunghe, senza fine [...]. Lui si è voltato verso gli amici e ha continuato: – Ho promesso a Cesare, appena avrò la macchina, di portarlo in gita... [...].

Io allora ho avuto compassione[5] di lui e gli ho detto che appena la macchina sarebbe arrivata, avremmo fatto una bella gita insieme, vicino a Roma.

Non credevo che se ne sarebbe ricordato; ma i pignoli, si sa, hanno una buona memoria. Quattro mesi dopo, una mattina, ecco che mi telefona: – È arrivata! [...]

Mi sono preparato e, poco dopo, ecco che arriva una comune automobiletta, come se ne vedono migliaia a Roma. [...] prendendomi per un braccio mi ha portato verso la macchina e ha cominciato la spiegazione. Ho fatto finta[6] di ascoltarlo un dieci minuti e poi l'ho interrotto: – A proposito, Peppino... è proprio impossibile per me venire oggi a Bracciano... ci ho da fare.

Lui ha fatto un viso triste: – Me l'avevi promesso...

Insomma alla fine, [...] siamo partiti. Abbiamo lasciato Roma e abbiamo preso per la via Cassia. Peppino guidava piano, quasi trenta all'ora e [...] ha cominciato naturalmente a parlarmi della macchina: per questo mi aveva portato. Per chi non lo sa, Peppino ha una voce monotona [...] che ti porta sonno. E così è successo anche a me. [...]

---

3. *ricambio*: ruota che teniamo da parte, nel caso una delle quattro ha un problema e bisogna sostituirla.
4. *carrozzeria*: il telaio, lo scheletro di metallo che dà la forma alla macchina.
5. *compassione*: pietà.
6. *far finta*: fingere, far credere qualcosa che, in realtà, non esiste.

Siamo arrivati ad Anguillara quasi alle tre e siamo andati subito alla trattoria che sta sul lago. Faceva un caldo terribile [...]. Peppino continuava a parlare della sua macchina con quel tono monotono che portava sonno, e io che dalla noia e dal caldo avevo perduto anche l'appetito, ho iniziato a bere il vino che almeno era fresco [...]. Ho bevuto un primo mezzo litro, poi un secondo e poi un terzo e Peppino sempre mi parlava della macchina. Dopo un'ora e più di silenzio e di vino, ho detto la prima parola: – Allora, andiamo?

Peppino ha risposto dispiaciuto: – Sì, andiamo... vuoi che facciamo il giro lungo per il lago di Vico?

– Per carità[7]... facciamo la strada più breve... debbo tornare a Roma.
[...] Lui parlando e io dormicchiando, siamo arrivati a Roma.
[...] Ad un tratto, una macchina con la targa francese, davanti a noi, fa una brusca frenata, e Peppino che era dietro finisce con il paraurti[8] dentro la parte posteriore di quella macchina. Subito è sceso, si è avvicinato, ha esaminato le due macchine e poi è andato allo sportello[9] della macchina francese. C'era una signora sola, giovane e graziosa, bionda, le mani posate sul volante.

– Signora, mi dia la patente, il numero della macchina, il nome [...]. Ho avuto la macchina proprio stamattina, nuova nuova, non l'ho presa per farmela rovinare da lei.

Si capiva che in quell'incidente, lui, ci si trovava bene; era quello che ci voleva per la sua pignoleria.

– Ma prima prova a staccare le due macchine –, ha gridato con molto

---

7. *per carità*: esclamazione usata per esprimere un rifiuto ironico o impaziente.
8. *paraurti*: barra di metallo posta avanti e dietro le automobili per proteggere dagli urti.
9. *sportello*: la porta della macchina.

buon senso un giovanotto, dalla gente che già ci circondava.

Aveva ragione, era una cosa da nulla, ma Peppino non era d'accordo. [...] Peppino insisteva: – Signora, prego, prego, il suo nome, la sua patente, il numero della macchina.

– Ma prova a staccare la macchina –, gridava quello di prima.

E Peppino, offensivo: – Glielo ho già detto, me la stacchi lei...

Quello, allora, si è avvicinato, minaccioso, un omaccione[10] alto, grande e grosso, e con il pugno chiuso sotto il naso [...].

Le cose si sarebbero messe male per Peppino se, ad un tratto, non intervenivo gridando: – Forza, ragazzi... solleviamola[11]... è una cosa da nulla –. Detto e fatto [...]. Però, subito dopo, mi sono voltato a Peppino e gli ho detto: – Ora prendi il taccuino e scrivi [...]: io sono un pignolo, uno scocciatore, e un rompiscatole... scrivi, su.

Tutti si sono messi a ridere; Peppino, con il taccuino in mano, è rimasto confuso. Ho aggiunto: – E ora sali sulla tua macchina e vattene.

Questa volta ha ubbidito, è salito sulla macchina ed è partito, in gran fretta. La gente gli ha urlato dietro. La signora francese, intanto, se ne era andata anche lei. Io ho attraversato la strada e sono andato in un bar a prendere l'aperitivo.

---

10. *omaccione*: uomo grande e grosso.
11. *sollevare*: alzare un po' dal basso verso l'alto.

La ciociara è una donna che proviene dalla regione della Ciociaria (o anche Cioceria). Si tratta di una regione del Lazio meridionale, a Sud di Roma, così chiamata perché gli abitanti, grandi lavoratori e molto religiosi, indossavano delle calzature antiche dette "ciocie".

La ciociara
Racconti romani

Al professore, quando insisteva, gliel'avevo detto e ripetuto: – Stia attento professore, sono ragazze semplici... di campagna... stia attento a quello che fa... meglio per lei prendere una romana... le ciociare sono contadine e analfabete[1].

Quest'ultima parola soprattutto era piaciuta al professore: – Analfabeta... ecco quello che ci vuole... almeno non leggerà i fumetti[2]... analfabeta.

Questo professore era un uomo vecchio, con la barbetta e i baffi bianchi, che insegnava al liceo. Ma la sua occupazione principale erano le rovine[3]. [...] In casa sua, poi, i libri sulle rovine e altri erano l'uno sull'altro come in una libreria: cominciavano all'ingresso [...] e continuavano per tutta la casa, corridoi, stanze, ripostigli[4]: soltanto nel bagno e in cucina non ce n'erano. Libri a cui teneva molto, nessuno poteva toccarglieli [...]. Insomma, siccome ogni giorno passava dalla portineria, sempre insistendo con la ragazza ciociara e analfabeta, ho scritto al paese, a un mio amico, e lui mi ha risposto che conosceva

---

1. *analfabeta*: colui che non sa né leggere, né scrivere.
2. *fumetti*: narrazione con disegni.
3. *rovina*: struttura o edificio antico, in parte distrutto, di interesse storico, architettonico, culturale.
4. *ripostiglio*: piccola stanza dove si conservano oggetti che non usiamo abitualmente in casa.

la persona che ci voleva: una ragazza delle parti di Vallecorsa che si chiamava Tuda, che non aveva compiuto ancora venti anni. [...]

Tuda è arrivata una sera a Roma insieme con il mio amico e io sono andato a prenderla alla stazione. Al primo sguardo, ho capito che era di buona razza ciociara, [...] tra una domanda e l'altra, mentre in tram andavamo verso casa, ho capito che era proprio una selvaggia[5]: non aveva mai visto un treno, un tram, una casa di sei piani. Insomma, analfabeta, come voleva il professore.

Siamo arrivati a casa [...], con l'ascensore, siamo saliti all'appartamento del professore. [...] Tuda, appena siamo entrati, gli ha detto: – Prendi, professore, prendi, t'ho portato le uova fresche.

Io le ho detto: – Non si dà del tu al professore... –; ma il professore, invece, incoraggiandola le ha detto: – Dammi pure del tu, figliola[6]... – [...]. Il professore, poi, ha portato Tuda nella cucina che era grande, con il fornello a gas, le pentole di alluminio e, insomma, tutto il necessario, e le ha spiegato come funzionava. Tuda ha ascoltato ogni cosa seria, in silenzio. Finalmente, con quella sua voce forte, ha detto: – Ma io non so cucinare. [...] Al paese lavoravo... la terra. Cucinavamo sì, ma tanto per mangiare... una cucina come questa non ce l'ho mai avuta.

– E dove cucinavi?

– Nella capanna[7] [...].

– Beh –, ha fatto il professore, tirandosi la barbetta, – mettiamo che tu debba cucinarmi un pranzo tanto per mangiare... che faresti?

Lei ha sorriso e ha detto: – Ti farei la pasta coi fagioli...

---

5. *selvaggio*: chi vive lontano dalla città e dai centri abitati, lontano dalla civiltà.
6. *figliola*: ragazza, in tono affettuoso.
7. *capanna*: casa molto modesta, povera fatta con legno e paglia.

poi ti bevi un bicchiere di vino... e poi un po' di frutta secca.

– Tutto qui... niente secondo?

– Come, secondo?

– Dico niente secondo piatto, pesce, carne?

Questa volta lei si è messa a ridere di gusto: – Ma quando hai mangiato un piatto di pasta e fagioli col pane, non ti basta?... che vuoi di più?... [...] Finalmente, dopo molte discussioni, si è deciso: mia moglie per qualche tempo sarebbe venuta in cucina per insegnare a Tuda. Siamo passati, quindi, nella camera da letto della cameriera che era una bella camera che dava sul cortile, con un letto, un comò[8] e un armadio. Lei ha detto subito, guardandosi intorno: – Dormirò sola?

[...]

– È tutta per te.

[...] Uscendo, ho sentito il professore che le spiegava: – Guarda che a tutti questi libri devi togliere la polvere ogni giorno [...].

Lei, allora, ha domandato: – A che ti servono tutti quei libri...?

E lui ha risposto: – Per me sono come la zappa[9] per te, al paese... ci lavoro.

E lei: – Sì, ma io di zappa ne ho una sola.

Dopo quel giorno il professore ogni tanto, passando in portineria, mi dava notizie di Tuda. Non era più tanto contento il professore, per dire la verità. Un giorno mi ha detto: – È rustica[10], proprio rustica...

Ho detto: – Professore, io l'avevo avvertito... roba di campagna.

---

8. *comò*: mobile con cassetti per la camera da letto. A volte, ha anche lo specchio.

9. *zappa*: attrezzo che usa il contadino per lavorare il terreno.

10. *rustico*: persona molto semplice, poco elegante, di campagna, poco socievole.

5

– Sì, però –, ha concluso lui, – è una cara figliola... proprio una cara figliola.

La cara figliola, come la chiamava lui, ci ha messo poco tempo a diventare una ragazza come tutte le altre. Ha cominciato, appena ha preso il primo stipendio: ha comprato un vestitino [...] che sembrava proprio una signorina. Poi ha comprato le scarpette con il tacco alto. Poi la borsetta [...].

La prima volta che l'ho vista con Mario, l'autista della signora del terzo piano, le ho detto: – Guarda che quello non fa per te... le cose che dice a te, le dice a tutte. [...]

Lei ha risposto: – Ieri mi ha portato in macchina a Monte Mario. [...]

Dopo un paio di settimane, il professore un giorno è passato dalla portineria, mi ha chiamato da parte e mi ha domandato a bassa voce: – Senta un po', Giovanni... quella ragazza è onesta?

Ho detto: – Questo sì, professore, ignorante ma onesta.

– Sarà –, ha fatto lui poco convinto[11], – ma mi sono scomparsi cinque libri di valore... non vorrei...

[...] ho deciso di tenere gli occhi bene aperti.

Una sera, qualche giorno dopo, vedo Tuda entrare nell'ascensore insieme con Mario. Lui aveva detto che doveva andare al terzo piano, per prendere ordini dalla signora, che era una bugia, perché la signora era uscita da più di un'ora e lui lo sapeva. Li ho lasciati salire, e poi ho preso l'ascensore, sono salito anch'io e sono andato direttamente all'appartamento del professore. Per caso, avevano lasciato la porta un po' aperta, sono entrato, [...] cosa ho visto? Mario, salito in piedi su una sedia, si teneva alla libreria e tendeva la

---

11. *convinto*: chi non ha dubbi.

mano verso dei libri che stavano sotto il soffitto; e lei, la santarella dalle guance rosse, che gli teneva la sedia e diceva: – Quello lassù... quello bello grosso... quello bello grosso con la copertina di pelle.

Ho detto, allora, uscendo fuori: – Ma brava... ma bravi... vi ho presi... bravi... e il professore che me l'aveva detto e io che non ci credevo... bravissimi. [...] Io, allora, gliene ho detto tante[12] e tante che un'altra, almeno, si sarebbe messa a piangere. Ma sì, con le ciociare è un'altra cosa. Mi ha ascoltato a testa bassa, senza parlare; poi ha alzato gli occhi, senza una lacrima, e ha detto: – E chi gli ha rubato? I soldi che mi avanzano dalla spesa glieli riporto sempre tutti quanti...

– Disgraziata... e tu non rubi i libri?... E questo non si chiama rubare?

– Ma ne ha tanti, lui, di libri.

– Tanti o pochi, tu non devi toccarli... e sta' attenta... perché, se ti trovo a fare la stessa cosa un'altra volta, te ne torni al paese direttamente.

[...] qualche giorno dopo, eccola che entra in portineria, con un pacco sotto il braccio: – Eccoli, i libri del professore... glieli riporto subito e così non potrà più lamentarsi. [...]

Ho detto: – Professore... ecco i suoi libri... Tuda li ha ritrovati... li aveva prestati a un'amica per guardare le figure.

– Bene, bene... non parliamone più.

[...] si è gettato sui libri, ne ha preso uno, l'ha aperto e poi si è messo a gridare: – Ma questi non sono i miei libri!

– Che dice... Cioè?

– Erano libri di archeologia – ha continuato lui, sfogliando[13] con nervosismo gli altri volumi, – e questi invece sono cinque volumi di diritto.

Ho detto a Tuda: – Ma si può sapere che hai fatto?

---

12. *dirne tante:* accusare, rimproverare qualcuno per gli errori che ha fatto.
13. *sfogliare:* girare velocemente le pagine di un libro o di un giornale.

Questa volta lei ha protestato, con forza: – Cinque libri avevo preso... e cinque ne ho riportati... che volete da me?... li ho pagati cari... più di quanto mi avevano dato quando li ho venduti.

Il professore era così sorpreso che guardava me e Tuda a bocca aperta, senza dir parola.

Lei ha continuato: – Guarda... hanno le stesse copertine... anche più belle... guarda... e anche il peso è lo stesso... me li hanno pesati... sono quattro chili e seicento... come quelli tuoi.

Questa volta il professore si è messo a ridere, anche se amaramente: – Ma i libri non vanno a peso come la carne... ogni libro contiene cose diverse... di autore diverso...

Ma lei ha ripetuto, ostinata[14]: – Cinque erano e cinque sono... con le copertine erano e con le copertine sono... io non so niente.

Insomma, il professore l'ha mandata in cucina, dicendole: – Va' a cucinare... basta...

Poi, quando se n'è andata, ha detto: – Mi dispiace... è una cara figliola... ma troppo di campagna.

– Colpa sua, professore.

– Lo riconosco –, ha detto lui.

Tuda è restata col professore ancora il tempo per cercarsi un altro posto. Lo ha trovato come lavapiatti in un negozio del quartiere. Qualche volta viene a trovarci in portineria. Del fatto dei libri, non parliamo. Ma mi dice che sta imparando a leggere e scrivere.

---

14. *ostinato*: persona che non cambia opinione e continua a voler avere ragione, anche se la realtà e i fatti dicono il contrario.

Il protagonista si chiama Gigi e si tratta di un giovane che, in particolari giornate, diventa nervoso e sente il bisogno di litigare con qualcuno. Succede anche a te?

Le sue giornate
Racconti romani

Ai romani, dicono che lo scirocco[1] non fa nulla: ci sono nati. Ma io sono romano, nato e battezzato in piazza Campitelli, eppure lo scirocco mi mette fuori di me. La mamma che lo sa, quando la mattina vede il cielo bianco e sente l'aria di scirocco, [...] sempre mi dice: – Sta' calmo... non ti arrabbiare... controllati – [...] sa che in quei giorni potrei anche finire in prigione o all'ospedale. Lei le chiama "le mie giornate". [...]

Sebbene sia piccolo e senza muscoli, nei giorni di scirocco mi viene voglia di litigare o, come diciamo noi romani, di cercar rogna. [...]

Inoltre, ho scelto il mestiere meno adatto: il cameriere di caffè. I camerieri, si sa, devono essere gentili, in ogni occasione. La gentilezza per loro è come il tovagliolo che tengono sul braccio, come il vassoio sul quale portano la bibita: uno strumento del mestiere. [...]

Qualche volta, però, questa gran voglia di offendere e aggredire, riesco a sfogarla[2]. [...] una di quelle mattine che c'era lo scirocco, sono uscito con il diavolo addosso[3]. Una frase, soprattutto, avevo nelle orecchie: «Se non la finisci, ti faccio mangiare il tuo cappello». Dove l'avevo sentita? Mistero: forse lo scirocco me l'aveva fatta sognare.

---

1. *scirocco*: vento caldo e umido proveniente da sud-est.
2. *sfogare*: esprimere un sentimento a lungo trattenuto, represso.
3. *avere il diavolo addosso*: essere di pessimo umore, essere nervoso e molto arrabbiato.

Alberto Moravia | 31

Sempre con queste parole in testa, ho preso il tram per andare al caffè, un locale vicino a piazza Fiume.

Il tram era pieno di gente e già, anche se era mattina presto, non si respirava. Subito hanno iniziato a spingere. Ho cominciato ad arrabbiarmi, ma non ho detto nulla. Il tram [...] si è avvicinato a piazza Fiume. Mi sono avviato verso l'uscita.

C'è una cosa che mi mette fuori di me, scirocco o no: quando in tram la gente mi chiede: – Scende?... scusi, lei scende? – [...] Non so che darei per rispondergli che non sono fatti loro.

Quella mattina, poco prima della fermata di piazza Fiume, la solita voce, tra la gente, ha domandato: – Maschio, scendi? – Anche un cameriere ha la sua dignità. Quel fatto di darmi del tu e di chiamarmi maschio ha fatto crescere la mia rabbia. Dalla voce ho pensato che forse era un omaccione[4] [...]. Mi sono guardato intorno: c'era tanta gente. Ho pensato che potevo insultarlo senza pericolo e ho risposto: – Se scendo o non scendo, a te che te ne frega?

Subito la voce ha detto: – Allora spostati e lascia scendere gli altri. Ho detto senza voltarmi: – Un corno[5].

Subito, come risposta, mi è arrivato uno spintone e, veloce, lui mi è passato avanti. Non mi ero sbagliato: era largo, basso, con la faccia rossa, i baffi neri, all'americana, e un collo da toro. Aveva anche il cappello. Mi è tornata in mente quella frase: «Se non la finisci, ti faccio mangiare il tuo cappello». Lui stava scendendo, io ero sul predellino[6]. Mi sono fatto coraggio e gli ho

---

4. *omaccione*: uomo grande e grosso.
5. *un corno*: espressione popolare per esprimere con forza un rifiuto: «assolutamente no».
6. *predellino*: i gradini per salire o scendere dai mezzi di trasporto.

gridato: – Beccamorto[7], ignorante.

Lui, che era già sceso, [...] urlava: – Mascalzone[8], ripeti un po' quello che hai detto –. Ma già, come avevo previsto, si erano buttati in cinque o sei a tenerlo. Era la volta buona o mai più. Mentre lui si agitava [...], gli ho gridato in faccia, proprio con odio: – Ma chi credi di essere? [...], ma non lo sai che se non la pianti ti faccio mangiare il tuo cappello?

L'avevo detto e mi sentivo meglio. [...]
Finalmente ci hanno separati e io me ne sono andato senza voltarmi indietro, felice, fischiettando una canzone.

Al caffè, mentre tiravamo fuori i tavolini, ho raccontato il fatto, naturalmente a modo mio. [...] Quelli, al solito, non mi hanno creduto. Goffredo, il barista, ha detto: – Sei un gran ballista[9]... [...].

Ero soddisfatto, mi sentivo bene, perfino il lavoro quel mattino mi piaceva. Andavo, venivo, mi muovevo ballando, gridando le ordinazioni con voce forte, allegra. [...] Verso le undici di sera sono entrato nel bar per prendere due espressi e poi sono uscito. I tavoli a sinistra della porta sono i miei, in quel momento erano tutti occupati; soltanto, in fondo, ce n'era uno libero: appena sono nuovamente uscito, ho visto che qualcuno ci si era seduto. Ho portato gli espressi, quindi sono andato allegro a quel tavolino, [...]. Mi è mancato il fiato[10], poiché ho visto che era proprio lui, che mi guardava sarcastico [...]. Con lui stava un altro, della stessa razza: scuro, coi capelli grigi [...]. Lui ha detto: – Guarda, guarda chi si rivede... i signori desiderano due birre.

– Due birre –, ho ripetuto senza respirare.

---

7. *beccamorto*: (offesa) becchino, chi per mestiere mette i morti sotto terra.
8. *mascalzone*: (offesa) persona che si comporta male, capace di fare azioni disoneste.
9. *ballista*: bugiardo, chi racconta sempre balle, bugie.
10. *mancare il fiato*: restare senza parole.

– Ma, oh, ghiacciate[11] –, ha detto lui. E, per cominciare, mi ha pestato il piede facendomi saltare dal dolore. Ma non ho reagito, ero scoraggiato, ormai, avevo solo paura. Lui ha aggiunto: – A che ora finisci? ... tanto per saperlo.

– A mezzanotte.

– Bravo, ci manca un'ora... la passeremo bene... e poi ti daremo la mancia[12].

Non ho detto niente e sono rientrato nel caffè. Goffredo [...], mi ha guardato e ha visto subito che ero cambiato. Ho detto: – Due birre – con un fil di voce, appoggiandomi al banco per non svenire.

Lui mi ha dato le birre e mi ha domandato: – Ma che hai? ti senti male? –. Non gli ho risposto, ho preso le birre e sono tornato di fuori.

Quello mi ha detto: – Bravo, come cameriere sei gagliardo[13] –. [...] e ha aggiunto: – Aho, ma queste sono calde.

Ho messo la mano su una delle bottiglie: era gelata. Ho osservato a bassa voce: – Mi pare fredda –. Lui ha messo la mano sulla mia, stringendo fino a schiacciarmela[14], e ha ripetuto: – È calda... dillo anche tu che è calda.

– È calda.

– Così va bene... portaci qualche cosa di veramente freddo.

– Un gelato –, ho proposto confuso.

– Bravo, un gelato... ma mi raccomando: freddo – e così dicendo mi ha dato un calcio alla gamba. Il tavolino era messo in modo che si

---

11. *ghiacciato*: molto freddo.
12. *mancia*: una volta pagato il conto, soldi che diamo in più, ad esempio, al cameriere di un ristorante ma senza obbligo.
13. *gagliardo*: pieno di vitalità.
14. *schiacciare*: premere con forza.

poteva vederlo dal di dentro. Goffredo, come mi sono presentato al banco, ha detto ridendo: – È lui, no? [...]

In silenzio ho preso i gelati e li ho portati al tavolino.

Lui, con un cucchiaino, ne ha preso un pezzo, lo ha messo in bocca e poi mi ha domandato: – Dunque, stacchi[15] a mezzanotte...

Sono andato al bar e ho detto a bassa voce a Goffredo: – Vuol picchiarmi... mi aspetta quando chiudiamo... che debbo fare? [...] Goffredo ha alzato le spalle e ha risposto: – [...] Vuoi un consiglio?... Chiedigli scusa.

Non avrei voluto, perché sono orgoglioso. Ma ormai la paura vinceva qualsiasi altro sentimento. Così mi sono deciso: sono andato a quel tavolo, [...] e poi, a bassa voce, ho detto: – Scusi...

– Che? – ha fatto lui guardandomi. [...]

Ormai, quasi battevo i denti dal terrore. Sapevo che mi avrebbero aspettato e mi avrebbero seguito. [...] Sono tornato nel caffè e ho detto a Goffredo: – Usciamo insieme... tu sei forte. [...]

Intanto il tempo passava, la mezzanotte si avvicinava. [...] Con terrore mi guardavo intorno cercando una via d'uscita da quella situazione. [...] Intanto quei due avevano pagato, si erano alzati e stavano sul marciapiede di fronte. [...]

Ormai nel bar eravamo rimasti in due: io e il padrone che, in piedi dietro la cassa, faceva i conti della giornata. [...] Ho guardato fuori: i due erano sempre là, nell'ombra di un palazzo, sul

---

15. *staccare a ...*: (espressione colloquiale) finire il turno di lavoro.

marciapiede di fronte. Poco lontano, passeggiavano due carabinieri. Allora ho preso la mia decisione e mi sono sentito meglio. Mi sono tolto la giacca da lavoro, ho messo la mia, mi sono avvicinato al banco come per salutare il padrone, e quindi, con rapido gesto, ho afferrato i biglietti da mille e di corsa sono uscito. Fuggendo per la strada, ho sentito subito gridare "al ladro", e ho capito che il piano era riuscito. Ho continuato a fuggire ma rallentando[16] sempre più; a piazza Fiume, gli autisti dei taxi, a quel grido di "al ladro", si erano messi in cerchio e io mi sono lasciato circondare senza fare resistenza. Poi sono venuti i carabinieri, il padrone che urlava, Goffredo che, al fracasso[17], era tornato indietro. Vedendomi tra i carabinieri, nel mezzo di una folla, Goffredo ha capito ogni cosa e ha gridato: – Gigi che hai fatto? Perché?

Gli ho risposto, mentre mi portavano via: – La paura... meglio in galera che all'ospedale –. Intanto il padrone che aveva riavuto i soldi, siccome era un brav'uomo, diceva: – Lasciatelo, è stato un momento di follia[18] –. Ma io: – Niente, portatemi in prigione... non si sa mai[19].

---

16. *rallentare*: andare più piano.
17. *fracasso*: rumore prodotto da un insieme di persone; trambusto, confusione, cagnara.
18. *follia*: pazzia.
19. *non si sa mai*: espressione che indica prudenza.

Il protagonista è un giovane disoccupato alla ricerca di un posto di lavoro. Ancora una volta Moravia dipinge un aspetto della realtà storica e sociale del suo tempo: la mancanza di lavoro, l'indifferenza del mondo, la condizione di precarietà vissuta dal protagonista. Un racconto che fa riflettere ancora oggi. Nel tuo Paese ci sono molti disoccupati? E tra i giovani?

La raccomandazione[1]
Racconti romani

Disoccupato e stanco, indossando sotto l'unica giacca, l'unica camicia e l'unica cravatta, affamato[2], [...] ho pensato di chiedere consiglio a un amico mio.

Quest'amico si chiamava Pollastrini ed era autista presso due vecchie signorine che avevano una macchina più vecchia di loro che usavano sì e no due volte alla settimana: un posto ideale. L'ho trovato al garage [...] e gli ho spiegato la situazione. Lui si è grattato la testa[3], e pensieroso ha risposto: – È un brutto momento, non c'è lavoro e meno ce ne sarà in futuro; [...] però, io sai che faccio? Ti mando dall'avvocato Moglie, che tempo fa è stato tanto buono con me. Così dicendo, era andato alla cabina del garage e lì ha telefonato all'avvocato.

Il tram della circolare era pieno zeppo dentro e con la gente appesa[4]

---

1. *raccomandazione*: fare qualcosa (ad esempio, parlare con qualcuno) per favorire un'altra persona (ad esempio, per trovarle lavoro).
2. *affamato*: che ha fame.
3. *grattarsi la testa*: passarsi continuamente le unghie sulla testa. Si tratta di un gesto che indica difficoltà a trovare una soluzione al problema.
4. *appendere*: fermare, attaccare un oggetto a qualcosa perché resti sospeso. In questo contesto, "sono le persone ad essere attaccate con le braccia fuori dal tram".

fuori sui predellini[5]. Mi sono attaccato anch'io e così appeso, ho fatto tutti i Lungoteveri[6] fino a piazza Cavour. Arrivo, scendo, corro, salgo le scale di un palazzo signorile, suono, una cameriera mi fa entrare [...]. Subito dopo l'avvocato si è affacciato e mi ha invitato ad entrare dicendo: – Sei fortunato, mi hai preso in tempo, stavo per andare in Tribunale.

Era un uomo piccolo, con la faccia larga e gialla, e gli occhi neri come il carbone. Ha detto sfogliando non so che scartafaccio[7]: – Dunque, tu ti chiami Rondellini Luigi.

Ho protestato con vivacità: – No, mi chiamo Cesarano Alfredo... ha telefonato per me Pollastrini... per una raccomandazione...

– E chi è Pollastrini?

– Pollastrini Giuseppe... l'autista delle signorine Condorelli.

L'avvocato si è messo a ridere, con un riso, per la verità, gentile, e ha detto: – Ma sì certo... devi aver pazienza... lui ha telefonato e io gli ho parlato... tutto vero... ma sai com'è?... gli ho parlato e risposto con la mente ad altro [...]. Dunque, se ben ricordo, Cesarano, tu vuoi una raccomandazione per diventare giardiniere al Comune?

Ho protestato di nuovo: – No, avvocato, sono autista, cerco un posto di autista.

Lui ha detto, senza ascoltarmi: – Giardiniere al Comune: è una parola[8].

Ha detto di nuovo, con forza: – Avvocato, sono autista... cerco un posto di autista. [...]

Ha abbassato la testa, ha scritto in gran fretta qualche cosa, [...] e

---

5. *predellino*: i gradini per salire o scendere dall'autobus.
6. *lungotevere*: strada accanto al fiume Tevere.
7. *scartafaccio*: quaderno o fogli con appunti, insieme disordinato di carte.
8. *è una parola*: (espressione colloquiale) non è facile, è più semplice a dirsi che a farsi.

finalmente mi ha dato una busta dicendo: – Tieni, va' con questa lettera dall'avvocato Scardamazzi, lui qualche cosa potrà fare di certo per te... e prendi, intanto, ti faranno comodo –. Tolse dal portafogli un biglietto da cinquecento e me lo ha dato.

Ho protestato, per la forma che non li volevo: quindi ho accettato, ho fatto un inchino[9] e sono uscito.

L'ufficio dell'avvocato Scardamazzi era negli edifici del Comune, a via del Mare. Mi sembrava strano, ma insomma quello era l'indirizzo scritto sulla busta. [...] Scardamazzi [...] mi ha ascoltato fumando, poi ha osservato: – Mi dispiace, ma io non conosco quest'avvocato Moglie... e poi io non sono avvocato ma ragioniere e mi chiamo Giovanni e non Rodolfo... tutto quello che posso fare per lei è mandarla dal mio collega Merluzzi... forse lui ne sa qualche cosa.

Sono uscito per andare a cercare questo Merluzzi, ma subito ho capito che non sarebbe stato facile trovarlo. [...] mi sono ricordato ad un tratto[10] che l'avvocato Moglie l'indirizzo di Scardamazzi l'aveva cercato in una sua agenda e ho capito che, nella fretta, aveva scritto un indirizzo al posto di un altro. Non mi sbagliavo; [...] l'avvocato Scardamazzi abitava in realtà a via Quintino Sella, all'altro capo della città. Ci sono andato.

L'avvocato Scardamazzi era molto diverso dal ragioniere Scardamazzi. Era un omaccione[11] [...]. Aveva una voce forte e affettuosa ma fredda. Ha detto, dopo aver gettato un'occhiata alla lettera: – Siamo

---

9. *inchino*: lo facciamo piegandoci o piegando solo la testa per ringraziare, riverire qualcuno.
10. *ad un tratto*: all'improvviso.
11. *omaccione*: uomo grande e grosso.

disoccupati, eh... cocco mio[12], farò per te quello che posso... siediti intanto e abbi pazienza per un momento.

Mi sono seduto e lui subito si è attaccato al telefono [...]. Finita questa telefonata, lui ne ha fatta un'altra. Finalmente ha chiuso il telefono, mi ha guardato male, con quei suoi occhiacci e ha domandato:

– E tu che vuoi?

– La lettera... – ho incominciato.

– Ah sì, la lettera... naturalmente... ma dove diavolo è andata a finire?

[...]

L'ha riletta e poi ha preso la penna e ha scritto rapidamente poche parole su un foglio di carta, lo ha messo in una busta e me lo ha dato:

– Va' a quest'indirizzo... a quest'ora lo trovi... auguri.

Io mi ero alzato in piedi. Ho preso la busta, l'ho messa in tasca e sono uscito.
Quando sono arrivato fuori, ho preso di tasca la busta per leggere l'indirizzo. Sono rimasto a bocca aperta leggendo: "Avvocato Mauro Moglie, via Pierluigi da Palestrina, 20". Dunque, come nel gioco dell'Oca[13] che, quando si sbaglia, si torna indietro [...]. Ero tanto confuso, disperato e anche affamato che non ho saputo fare altro che prendere di nuovo l'autobus e ritornare in via Pierluigi da Palestrina.

---

12. *cocco mio*: espressione per indicare in modo scherzoso una persona molto cara (caro mio).

13. *gioco dell'Oca*: diffusissimo gioco da tavolo, in cui si lanciano i dadi con lo scopo di arrivare per primi alla casella finale. Naturalmente, si può anche tornare indietro.

L'avvocato [...] poi ha detto: – Conosco l'avvocato Scardamazzi... è un mio caro amico... dunque tu ti chiami Francesetti e vorresti un posto di usciere al Tribunale... insomma la solita raccomandazione, eh?

Allora, [...] ho detto: – Avvocato, il mio nome è Cesarano Alfredo e faccio l'autista..., stamattina ho fatto telefonare a lei da Pollastrini che lei conosce, e poi sono venuto qui da lei e lei mi ha dato una lettera per l'avvocato Scardamazzi...

[...] alla fine del mio lamento, ho visto che la sua faccia si sdoppiava; e adesso di facce invece di una ce n'erano due, [...] e allora sono caduto a sedere su una sedia, davanti al tavolo, prendendomi il viso in una mano. Poi ho detto: – Mi scusi: è la debolezza.

E lui senza aspettare ha risposto in fretta: – Be' mi dispiace... ma siamo tutti così carichi di lavoro e i disoccupati sono tanti... facciamo così, allora: fin adesso la macchina me la guidavo da me... vuol dire che d'ora in poi me la guiderai tu... per ora, s'intende[14], fino a quando non avrai trovato un posto...

---

14. *s'intende*: è ovvio, è naturale, non c'è bisogno di dirlo, si capisce.

Un racconto sul valore dell'amicizia, duramente messa alla prova dal sentimento dell'invidia. Secondo te, è giusto essere invidiosi di un amico/ un'amica? A te è mai successo?

Quant'è caro
Racconti romani

Dicono che gli amici si vedono nelle difficoltà, [...]. Io dico, invece, che gli amici li vedi nella fortuna, quando le cose ti vanno bene [...]. Allora lo vedi, l'amico. Se ti è veramente amico, lui è contento della tua fortuna, come tua madre, come tua moglie. Ma, se non ti è veramente amico, l'invidia[1] gli entra nel cuore e lo consuma in modo che presto o tardi non resiste più e te lo lascia vedere. Eh, è molto più difficile non essere invidioso dell'amico fortunato che generoso con quello sfortunato. [...]

Quand'è che le cose mi sono cominciate ad andare bene? Posso dirlo con precisione, dal momento che mio suocero ha deciso di aiutarmi e così ho potuto aprire una macelleria in quelle parti nuove, vicino a via Angelo Emo. Ora quand'è che Arturo ha cominciato ad avere, almeno quando stava con me, quel viso falso, quel sorriso non sincero, quella voce poco naturale che pareva sempre dire le cose a mezza bocca [...]? Proprio verso la stessa epoca. Dopo aver lavorato in segreto tutta l'estate per sistemare la macelleria, uno di quei giorni gli ho detto: – Ahò, Arturo, ho una sorpresa per te. [...] vieni con me e lo saprai.

Ci siamo trovati al bar di piazza Farnese, in quel quartiere vecchio dove

---

1. *invidia*: il desiderio di avere per sé un bene o una qualità che ha un'altra persona. Questo sentimento può essere accompagnato da una forma di cattiveria perché non si riesce ad accettare che un'altra persona ha qualcosa in più di noi.

abitavamo tutti e due e dove lui ci aveva il negozietto di cartoleria, nero-nero, proprio un buco [...].

Arriviamo in via Angelo Emo, prendo una di quelle strade nuove verso un bel palazzone bianco, con una fila di negozi ancora sfitti[2] a pianterreno. Gli indico il mio negozio, anch'esso chiuso, ma con l'insegna[3] parlante: "Luigi Proietti. Macelleria" e faccio: – Che ne dici?

Lui guarda e risponde: – Ah, questa era la sorpresa –, a denti stretti.

Sempre pieno d'entusiasmo, vado al negozio, [...] apro la porta ed entro. Ora, chiunque, di fronte a una macelleria come quella, con le pareti di marmo bianco, [...] il pavimento di marmo, il frigorifero grande [...] avrebbe esclamato: «Oh quanto è bello... Gigi hai una macelleria che è proprio un sogno... sono felice per te». Chiunque, ma non Arturo. [...]

Ci sono rimasto male e ho insistito, stupidamente: – Macellerie come queste a Roma ce ne sono poche.

E lui: – Bisognerà vedere come andrà in seguito.

È stato quel giorno che ho cominciato a dar ragione a Iole, mia moglie, la quale da tempo mi ripeteva: – Arturo, un amico? [...] quello, caro mio, non ti è amico..., non lo vedi che non ti può sopportare? [...]

Basta: Arturo in fondo aveva ragione; i negozi prima di tutto devono andar bene; ma il mio quasi subito è andato benissimo. [...]

È venuto l'inverno; [...] ho deciso di farmi la macchina[4]. Iole subito mi ha avvertito: – Comprala, ma non andarci la prima volta con Arturo. Quello, con l'invidia che si ritrova, è capace di gettarci sopra il

---

2. *sfitto*: non affittato.

3. *insegna*: scritta (cartello o tabella luminosa) che indica l'attività svolta in un negozio. Di solito, è posta all'esterno del negozio stesso sopra la porta d'ingresso.

4. *farsi la macchina*: comprarsi l'automobile.

malocchio[5].

Le ho risposto, come le rispondevo sempre quando mi parlava male di Arturo: – Questi sono affari miei. Arturo è un amico... tu non ti mettere in mezzo. – Però ero rimasto colpito dalle sue parole, anche se non lo mostravo.

A ogni modo, vado da Arturo, alla cartoleria e gli dico: – Vieni con me all'agenzia... vediamo insieme le macchine... voglio comprarmene una.

Lui fa: – Anche la macchina? [...] Voglio dire che mi sembra che spendi un po' troppo... la macchina è una grossa spesa. – Insomma siamo andati all'agenzia e lì c'erano le macchine, grandi e piccole, in serie e fuoriserie[6], [...].

Arturo faceva la solita faccetta storta, e poi ha detto con una vocetta senza gioia: – Non dici sempre che gli affari ti vanno tanto bene? Non dici che non sai dove mettere i soldi? Ecco, mettili in questa fuoriserie –. Tutto questo con un tono tanto antipatico che ho avuto paura, pensando che forse voleva spingermi a fare una spesa superiore alle mie possibilità e subito, lì per lì[7], invece della fuoriserie, ho scelto una utilitaria[8] come tutte le altre, grigia e marrone. [...]

È passato un anno, gli affari continuavano ad andarmi bene, mi è nato un bambino; e in quest'occasione, bisogna dire che Arturo ha saputo vincere l'invidia che lo consumava e si è mostrato gentile, con sincerità, [...]. Ma Iole non si fidava: – Aspetta a cantar vittoria..., negli affari, devi vederlo..., figli lui ne ha, anche troppi... sono i soldi che gli mancano.

---

5. *malocchio*: cattiva fortuna che una persona può causare con il suo sguardo.
6. *fuoriserie*: detto di automobile che non è uguale alle altre perché non è fatta in serie.
7. *lì per lì*: sul momento.
8. *utilitaria*: piccola automobile di piccola cilindrata, economica sia nel prezzo che nei consumi.

Di lì a qualche mese, sempre con l'aiuto di mio suocero, ho acquistato un appartamento nuovo in un palazzo poco lontano dalla macelleria. [...] Anche questa volta ho voluto fare ad Arturo la sorpresa: l'ho invitato per una serata a casa mia, [...]. Sono passato in macchina alla cartoleria a prendere lui e la moglie, e lui: – Siamo a due passi... che bisogno c'è della macchina?

Non ho risposto nulla e sono andato dritto, [...]. Lui, allora, comprendendo non ha parlato più; e io ho detto: – Ma non lo sapevi che non stiamo più a via Monserrato? Credevo di avertelo detto. Ho comprato un piccolo appartamento vicino al negozio.

Lui ha fatto a bassa voce: – Mi fa piacere... proprio tanto.

Come siamo arrivati, per prima cosa gli ho mostrato l'appartamento [...], la faccia d'Arturo diventava sempre più scura. [...] Ci siamo messi a tavola [...]. Eravamo tutti molto allegri, tranne Arturo [...]. Ma il più allegro di tutti ero proprio io [...]. Così un po' per la soddisfazione, un po' perché avevo bevuto, ho dimenticato Arturo e la sua invidia e, alla frutta, mi sono alzato, il bicchiere in mano, e ho cantato una canzoncina che avevo composto per l'occasione: – Fiori benedetti, macellerie ce ne sono a Roma, ma la migliore è quella di Proietti.

Era uno scherzo e aspettavo la risposta di Arturo, come d'abitudine, anche lui con una canzoncina, che improvvisava lì per lì. Invece lui è restato zitto; e mentre alzavo il bicchiere per bere alla salute di tutti, l'ho sentito dire a bassa voce, tra i denti: – Quant'è caro.

Avete capito: quant'è caro. Come dire: "Quando la finisce?". Confesso che, a un tratto, anche perché avevo bevuto, ho perso il controllo e mi sono

arrabbiato. Mi sono girato verso Arturo e, nel silenzio, l'ho accusato:
– Tu hai detto: "Quant'è caro".

– Ma vattene, io non ho detto nulla.

– Sì, tu hai detto: quant'è caro. E lo sai perché l'hai detto? [...] Perché
sei invidioso e ti dispiace che le cose mi vanno bene.

– Ma tu sei scemo... Invidioso io? E perché mai?

Insomma è finita male. Con Iole che, esprimendo finalmente la sua
antipatia, gridava ad Arturo: – Invidia crepa[9]. [...]

Lui sembrava il più arrabbiato di tutti. [...] mi ha gridato in faccia tutto
il male che pensava di me da anni [...].

Se n'è andato, finalmente; e io ho capito che la fortuna mi aveva fatto
perdere il solo amico che avevo. Per questo ho detto più tardi a Iole:
– La colpa è tutta mia... m'accorgo adesso di averlo provocato..., la
fortuna bisogna saperla nascondere.

Lei rispose: – Ascoltami bene: i soli amici veri sono i soldi. Gli altri
vanno e vengono.

_____

9. *crepare*: morire.

Cesira e Rosetta, madre e figlia, devono sfuggire ai bombardamenti del 1943-1944 e con coraggio e forza di volontà riescono a superare due atti di violenza: quello fisico causato dallo stupro subito da Rosetta e quello collettivo della guerra che mette in ginocchio la città di Roma e il popolo. In questo romanzo, Moravia ha voluto sottolineare come la violenza della guerra e la violenza verso le persone, porta dolore e cambiamenti radicali nella vita delle persone. Tu cosa ne pensi? Ritieni che la guerra sia un male necessario o è troppo difficile parlare di pace e solidarietà?

La ciociara[1]

Finalmente, ecco apparire in fondo alla verde e grande pianura, una lunga striscia[2] di colore incerto, tra il bianco e il giallo; i quartieri alla periferia di Roma. E dietro questa striscia, più in alto, grigia, lontanissima, eppure chiara, la cupola di San Pietro. Dio sa se avevo sperato durante tutto l'anno di rivedere, laggiù all'orizzonte, quella cara cupola, così piccola e al tempo stesso così grande da potere essere quasi confusa per un'irregolarità del terreno, per una collina o una piccola montagna; così solida benché non più che un'ombra; così rassicurante[3] perchè familiare e mille volte vista ed osservata. Quella cupola, per me, non era soltanto Roma ma la mia vita di Roma, la serenità dei giorni che si vivono in tranquillità con se stessi e con gli altri. Laggiù in fondo all'orizzonte, quella cupola mi diceva che io potevo ormai tornare fiduciosa a casa e la vecchia vita avrebbe continuato il suo corso, dopo tanti cambiamenti e tante tragedie. [...]

---

1. La Ciociara è un romanzo pubblicato nel 1957 ma in lavorazione sin dal 1946. È scritto su memorie autobiografiche perché, durante gli anni del secondo conflitto mondiale, anche Moravia con la moglie Elsa Morante si rifugiarono nella zona della Ciociaria negli anni 1943-44.
2. striscia: pezzo lungo e stretto.
3. rassicurante: che dà sicurezza, tranquillità, calma, fiducia.

Eravamo alla fine, uscite dalla guerra che ci chiudeva nella sua tomba[4] di indifferenza e cattiveria, ed avevamo ripreso a camminare nella nostra vita, la quale era forse una povera cosa piena di problemi e di errori, ma era la sola che dovevamo vivere, come senza dubbio ci avrebbe detto Michele se era ancora con noi.

25-27

_____

4. *tomba*: luogo dove si mettono le persone morte.

Dino appartiene ad una nobile famiglia romana e soffre di noia[1]. Trasferitosi in un piccolo studio in Via Margutta, comincia a dipingere perché crede di poter vincere così la noia ma non ci riesce. La sua vita è una tela vuota, bianca, che resta tale anche quando appare Cecilia, una ragazza di poche parole che diventa la sua amante. Il loro è un rapporto esclusivamente fisico. Per Dino, Cecilia diviene reale soltanto quando c'è il rischio di perderla perché Cecilia comincia una relazione con un giovane attore, Luciani. Il romanzo si chiude con Moravia che ci invita ad accettare la realtà così com'è, cercare di intervenire e cambiarla è del tutto inutile: non ci resta che rassegnarci passivamente.

La noia

[...] Penso che, a questo punto, dovrei forse dire qualche parola sulla noia, un sentimento di cui mi accadrà di parlare spesso in queste pagine. Dunque, se con la memoria vado indietro negli anni, ricordo di aver sempre sofferto a causa della noia. Ma bisogna intendersi[2] su questa parola. Per molti la noia è il contrario del divertimento; e divertimento è distrazione[3], dimenticanza. Per me, invece, la noia non è il contrario del divertimento; potrei dire, anzi, che per certi aspetti somiglia al divertimento perché provoca distrazione e dimenticanza, anche se di un genere molto particolare

---

1. *noia*: sentimento per cui una persona si sente stanca di tutto e perciò prova fastidio per tutto.
2. *intendersi*: trovare un accordo sul significato di questa parola.
3. *distrazione*: svago, occupazione piacevole che ci allontana dalla routine quotidiana, dalle abitudini di ogni giorno. Con un altro significato: mancanza di attenzione verso qualcosa; nel romanzo di Moravia, verso la realtà.

[...]. Per usare una metafora[4], la realtà, quando mi annoio, mi ha sempre fatto l'effetto che fa una coperta troppo corta, ad uno che dorme, in una notte d'inverno: la tira sui piedi e ha freddo al petto, la tira sul petto e ha freddo ai piedi; e così non riesce mai a prender sonno veramente. Oppure, altro paragone, la mia noia somiglia all'interruzione frequente e misteriosa della corrente elettrica in una casa: un momento tutto è chiaro ed evidente, qui sono le poltrone, lì i divani, più in là gli armadi, le consolle, i quadri, i tendaggi, i tappeti, le finestre, le porte; un momento dopo non c'è più che buio e vuoto [...]. Ho detto che mi sono annoiato sempre; aggiungo che soltanto da poco tempo sono riuscito a capire con sufficiente chiarezza che cosa sia realmente la noia. Durante l'infanzia e poi anche durante l'adolescenza e la prima giovinezza, ho sofferto della noia senza spiegarmela, come coloro che soffrono di continui mal di testa ma non si decidono mai a interrogare un medico. Soprattutto quando ero bambino, la noia assumeva forme poco chiare a me stesso e agli altri, che io ero incapace di spiegare e che gli altri, nel caso di mia madre, attribuivano[5] a disturbi della salute o altre simili cause; un po' come il malumore[6] dei bimbi più piccoli viene attribuito allo spuntare[7] dei denti. Mi capitava, in quegli anni, di smettere improvvisamente di giocare e di restare ore intere, immobile [...]. Se in quei momenti mia madre entrava nella stanza e mi vedeva in silenzio, immobile e pallido per la sofferenza, mi domandava che cosa avevo, rispondevo sempre: "mi annoio", spiegando così uno stato d'animo misterioso. Mia madre, allora, credendo alle mie parole, mi abbracciava e poi mi prometteva di portarmi al cinema quel pomeriggio stesso, cioè mi

---

4. *metafora*: spiegare un vocabolo, usostituendo un termine con un altro.
5. *attribuire*: in questo contesto, ha il significato di "dare la colpa di qualcosa".
6. *malumore*: stato d'animo che ci fa essere tristi, ansiosi e nervosi.
7. *spuntare*: nascere, venire fuori.

proponeva un divertimento che, come sapevo ormai benissimo, non era il contrario della noia né il suo rimedio. E io fingevo[1] di accogliere con gioia la proposta, ma provavo quello stesso sentimento di noia [...]. Ma come avrei potuto spiegare a mia madre che il sentimento di noia di cui soffrivo non poteva essere alleviato[2] in alcun modo? [...]

28-30

1. *fingere*: mostrare il contrario di ciò che sentiamo o pensiamo.
2. *alleviare*: diminuire, rendere più leggero.

Indice delle attività

1. Comprensione del testo
Vero o falso?

			V	F

1. Carla decide di sposare Leo perché è innamorata di lui. ☐ ☐
2. Carla è una donna bella ma infelice. ☐ ☐
3. Leo è più giovane di Carla. ☐ ☐
4. Carla ha un amante segreto. ☐ ☐
5. Le persone apprezzano tutto ciò che ha Carla. ☐ ☐

2. Analisi lessicale e linguistica
Trova gli 8 nomi che si riferiscono alle parti del corpo. Alcuni nomi li hai incontrati nel racconto.

> polso • braccia • dita • mano • bocca • occhi • naso • piedi

i	d	i	t	a	o	p	b
p	s	b	o	c	c	a	r
o	f	o	c	v	c	i	a
l	p	l	c	c	h	n	c
s	p	i	e	d	i	a	c
o	e	o	a	l	z	s	i
i	p	i	m	a	n	o	a

Claudia Cardinale e Rod Steiger, nel ruolo di Carla e Leo, nel film *Gli indifferenti* (1964), diretto da F. Maselli.

3. Produzione scritta e orale

▌ Dopo aver fatto una breve sintesi del racconto, commenta il significato del titolo *Gli indifferenti*.

▌ Come deve essere il/la tuo/a sposo/a ideale? Parlane.

capitolo 2

4. Comprensione del testo
Del racconto letto indica:

* i personaggi e fai una loro breve descrizione
* i luoghi dove si svolge la storia
* i sentimenti che emergono

Dal film *Agostino* (1962), diretto da M. Bolognini.

5. Analisi lessicale e linguistica
Tra queste parole ci sono dei diminutivi. Quali sono?

1. ◯ Agostino
2. ◯ ragazzino
3. ◯ mattino
4. ◯ vocina
5. ◯ pattino
6. ◯ borsetta
7. ◯ cabina
8. ◯ costumino
9. ◯ nuvoletta
10. ◯ bagnino
11. ◯ giretto

6. Produzione scritta e orale

▌ Riassumi brevemente il brano.

▌ Secondo te qual è la differenza tra Agostino e gli adolescenti di oggi?

▌ Racconta una tipica giornata al mare quando eri un adolescente.

7. Comprensione del testo

Rispondi alle domande scegliendo l'alternativa corretta.

1. Per quali categorie di persone le feste natalizie sono veramente delle feste?
   a. *I commercianti alimentari.*
   b. *I cartolai.*

2. Qual è la proposta che la moglie fa ad Egisto per la fine dell'anno?
   a. *Andare a fare un pic nic.*
   b. *Partecipare al cenone di fine anno.*

3. Al picche nicche loro che cosa avrebbero dovuto portare?
   a. *Il panettone.*
   b. *Dei libri.*

4. Chi c'era a casa di Crociani?
   a. *Solo i proprietari di casa.*
   b. *Tutti i commercianti della strada.*

5. Che cosa hanno mangiato gli invitati?
   a. *Dall'antipasto allo spumante.*
   b. *Il panettone.*

6. Perché il panettone di Egisto era speciale?
   a. *L'aveva prodotto lui stesso.*
   b. *La scatola non conteneva il panettone.*

8. Analisi lessicale e linguistica.

Qual è l'*iperonimo*, cioè il nome della categoria a cui appartengono le seguenti parole? Scrivilo come nell'esempio.

1. Natale, Capodanno, Befana ....*festività*.
2. cartolaio, salumiere, fornaio, vinaio ....

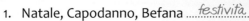

3. formaggi, prosciutti, polli, galline, tortellini ....

4. iettatore, buffone, scemo, ignorante, pagliaccio ....

5. penna, quaderni, gomma, matita ....

9. Produzione scritta e orale

▶ Riassumi brevemente il brano.

▶ Racconta un Natale particolare della tua infanzia, spiegando perché per te è indimenticabile.

10. Comprensione del testo
Descrivi:

- l'aspetto fisico di Peppino e il suo principale difetto
- la reazione degli amici di Peppino quando hanno visto la macchina
- la gita con Cesare a Bracciano
- l'incidente sulla strada del ritorno e la reazione di Peppino
- le iniziative e la reazione di Cesare

11. Analisi lessicale e linguistica
Unisci le seguenti frasi. Elimina o aggiungi le parti necessarie.

1. Peppino è un piccoletto.
   Peppino ha le spalle larghe e le gambe corte.
   ....

2. Al bar, Peppino agli amici ha annunciato una cosa.
   La cosa era che aveva ordinato una macchina.
   Agli amici non interessava il suo acquisto.
   ....

3. La macchina era nuova.
   Peppino guidava piano.

   ....

4. Una macchina con la targa francese fa una brusca frenata.
   Peppino con il paraurti finisce dentro la parte posteriore della macchina con la targa francese.

   ....

5. Cesare ha attraversato la strada.
   Cesare è andato in un bar.
   Cesare nel bar voleva prendere l'aperitivo.

   ....

12. Produzione scritta e orale

▶ Riassumi brevemente il brano.
▶ Descrivi quali sono i tuoi pregi e i tuoi difetti, riportando qualche esempio del tuo comportamento.

capitolo
5

13. Comprensione del testo
Vero o falso?

		V	F
1.	Le ciociare sanno leggere e scrivere.	☐	☐
2.	Il professore amava molto i suoi libri.	☐	☐
3.	Tuda sapeva cucinare.	☐	☐
4.	Tuda con il primo stipendio è diventata una ragazza come tutte le altre.	☐	☐

5. Insieme a Mario, di nascosto Tuda prendeva alcuni libri del professore per venderli.

6. Poi un giorno si è sposata.

7. Alla fine ha cambiato lavoro.

14. Analisi lessicale e linguistica

Nel testo ci sono le seguenti espressioni. Scegli il giusto significato.

1. Era di buona razza
   a. *avere buone origini*
   b. *andare d'accordo*

2. Era proprio una selvaggia
   a. *vivere nella foresta*
   b. *chi non conosce nulla*

3. Incoraggiare qualcuno
   a. *aiutare qualcuno*
   b. *avere coraggio*

4. (quello) non fa per te
   a. *non fare niente*
   b. *non essere adatto*

5. Gliene ho dette tante e tante
   a. *rimproverare qualcuno*
   b. *complimentarsi con qualcuno*

15. Produzione scritta e orale

▶ Riassumi brevemente il brano.

▶ Secondo te, oggi i giovani amano i libri o preferiscono altre forme di divertimento? Motiva la tua risposta.

16. Comprensione del testo

Ricostruisci una parte della storia mettendo gli eventi nel giusto ordine cronologico.

☐ a. Era soddisfatto, si sentiva bene, perfino il lavoro quel mattino gli piaceva. Andava, veniva, si muoveva ballando, gridando le ordinazioni con voce forte, allegra.

☐ b. Anche se il padrone diceva alla polizia di lasciarlo libero, Gigi ha preferito finire in prigione.

☐ c. Ad un certo punto si è sentito svenire, poiché ha visto proprio lui, l'uomo del tram, che lo guardava sarcastico.

☐ d. Gigi, per paura di finire in ospedale, ha pensato di rubare i soldi al padrone e scappare.

☐ e. L'uomo del tram ha minacciato Gigi promettendogli una "mancia" abbondante.

☐ f. Subito è arrivata la polizia.

☐ g. Gigi ha litigato con un omaccione su un tram.

☐ h. Poi è sceso dal tram e se n'è andato al suo lavoro felice, fischiettando una canzone.

17. Analisi lessicale e linguistica

Completa il testo con le giuste preposizioni.

Quando c'è lo scirocco (1) .... Roma, Gigi ha "le sue giornate", cioè gli viene voglia (2) .... litigare. Qualche volta per sfogare questa voglia, sceglie un luogo pieno (3) .... gente, il tipo (4) .... cui litigare e, con un pretesto, lo insulta. Naturalmente, quello fa per picchiarlo; ma subito quattro o cinque persone lo trattengono, si mettono (5) .... mezzo. Gigi ne approfitta (6) .... insultarlo ancora, ben bene, e poi si allontana. E per quel giorno sta bene.

18. Produzione scritta e orale

▶ Riassumi brevemente il brano.

▶ Hai litigato con il tuo migliore amico per uno stupido motivo. Decidi di scrivergli una email e fargli un discorso in cui:
  • gli ricordi il motivo per cui avete litigato
  • gli chiedi scusa
  • gli prometti che non succederà più

19. Comprensione del testo
Rispondi alle seguenti domande.

1. Che lavoro fa il protagonista?
2. Chi è Pollastrini e che consiglio gli dà?
3. L'avvocato Moglie gli offre un posto di lavoro?
4. Da chi lo manda?
5. Lo trova subito?
6. Come finisce la storia?

20. Analisi lessicale e linguistica
Completa le frasi con il nome che puoi ricavare dalla parola in parentesi.

1. A causa della ...., oggi è fortunato chi riesce a trovare un lavoro. (*disoccupato*)
2. Mirella non è ancora arrivata e perciò sono in .... per lei. (*pensare*)
3. Fare un .... può essere un gesto di saluto. (*inchinarsi*)
4. Hai già preso la patente di ....? (*guidare*)
5. Per trovare lavoro spesso è necessaria una .... (*raccomandare*)

Attività

21. Produzione scritta e orale

▶ Riassumi brevemente il brano.

▶ Un tuo amico deve presentarsi ad un colloquio di lavoro. Gli dai dei consigli spiegandogli:
  • che abiti deve indossare
  • che cosa deve dire
  • che cosa non deve assolutamente fare e dire

capitolo 8

22. Comprensione del testo
Scegli l'affermazione giusta.

1. Secondo l'autore, gli amici si vedono
   a. *quando ne hai bisogno.*
   b. *quando le cose ti vanno bene.*

2. Il signor Proietti aveva deciso di aprire
   a. *una macelleria.*
   b. *una cartoleria.*

3. Non appena Arturo vide il negozio
   a. *si rallegrò.*
   b. *ci restò male.*

4. Quando il signor Proietti decise di comprare una macchina Arturo gli consigliò di acquistare
   a. *una fuoriserie.*
   b. *un'utilitaria.*

5. A cena, quando Arturo vide il nuovo appartamento mostrò
   a. *gioia.*
   b. *invidia.*

6. Da quel giorno l'amicizia tra Luigi e Arturo
   a. *terminò.*
   b. *continuò.*

23. Analisi lessicale e linguistica
Cancella la parola estranea dal gruppo di parole.

1. *invidia*	*gelosia*	*gioia*	*dispiacere*
2. *sincero*	*falso*	*finto*	*fittizio*
3. *fortuna*	*sorte*	*destino*	*caso*
4. *gioire*	*dispiacersi*	*rallegrarsi*	*congratularsi*

24. Produzione scritta e orale

▶ Riassumi brevemente il brano.

▶ Secondo te, gli amici si vedono nella difficoltà o nella fortuna? Motiva la tua risposta, facendo degli esempi.

---

capitolo
9

25. Comprensione del testo
Completa le frasi con le parole date in basso.

corso   quartieri   casa   colore   cupola

In fondo alla verde e grande pianura, ecco apparire una lunga striscia: sono i (1).. alla periferia di Roma. La striscia è di (2).. incerto, tra il bianco e il giallo. E dietro, più in alto, grigia, lontanissima, eppure chiara, la (3).. di San Pietro. Laggiù in fondo all'orizzonte, quella cupola mi diceva che io potevo ormai tornare fiduciosa a (4).... .... La vecchia vita avrebbe continuato il suo (5)...... ...., dopo tanti cambiamenti e tante tragedie.

26. Analisi lessicale e linguistica
Quali aggettivi del testo letto possiamo derivare dai seguenti nomi?

1. lunghezza ....
2. certezza ....
3. lontananza ....
4. serenità ....
5. tranquillità ....
6. cattiveria ....

A. Moravia, *La ciociara*, prima edizione 1957, Bompiani.

27. Produzione scritta e orale

▶ Riassumi brevemente il brano.
▶ Descrivi la tua città e il quartiere che ti piace di più.

28. Comprensione del testo
Completa scrivendo delle domande.

● 1. ....
Soffro di noia.

● 2. ....
Per molti la noia è il contrario del divertimento.

● 3. ....
La noia mi fa l'effetto di una coperta troppo corta.

● 4. ....
La noia somiglia all'interruzione della corrente elettrica in una casa.

● 5. ....
No, anche durante l'infanzia e l'adolescenza soffrivo di noia.

- ○ 6. ....
  Allora non volevo giocare e restavo immobile per molte ore.

- ○ 7. ....
  Mia madre per aiutarmi mi prometteva di portarmi al cinema.

- ○ 8. ....
  No. Io fingevo di accogliere con gioia la proposta.

29. Analisi lessicale e linguistica

Collega le parole con i loro contrari, come nell'esempio.

1. indietro		a. tristezza	
2. corto		b. pieno	
3. buio		c. luce	
4. vuoto		d. capace	
5. chiaro		e. rifiutare	
6. incapace		f. lungo	
7. accogliere		g. scuro	
8. gioia		h. davanti	

Horst Buchholz in
La noia (1963), diretto
da D. Damiani.

30. Produzione scritta e orale

▶ Riassumi brevemente il brano.

▶ Che cosa fai in genere per vincere la noia?

▶ Un amico non può uscire di casa perché è raffreddato e si annoia. Scrivigli una email con dei consigli per vincere la noia. Usa le espressioni: tu devi... / tu non devi...

1. 1.F, 2.V, 3.F, 4.V, 5.V

2.

i	d	i	t	a	o	p	b
p	s	b	o	c	c	a	r
o	f	o	c	v	c	i	a
l	p	l	c	c	h	n	c
s	p	i	e	d	i	a	c
o	e	o	a	l	z	s	i
i	p	i	m	a	n	o	a

3. Risposte libere

4. Risposte suggerite:
- *Personaggi*: Agostino, un adolescente molto legato alla madre; la madre di Agostino, una bella e giovane donna, serena e molto elegante; un giovane bruno e robusto.
- *Luoghi*: In spiaggia, al mare dove Agostino e la mamma facevano lunghe gite in alto mare col pattino.
- *Sentimenti*: Ammirazione e orgoglio di Agostino nei confronti della madre; serenità e amore della mamma per Agostino.

5. 2, 4, 6, 8, 9, 11

6. Risposte libere

7. 1.a, 2.b, 3.a, 4.b, 5.a, 6.b

8. 1. *festività*, 2. commercianti, 3. alimenti, 4. insulti, 5. articoli di cartoleria

9. Risposte libere

10. Risposte suggerite:
- Peppino era un uomo piccolo con le spalle larghe e le gambe corte. È un uomo molto pignolo e vanitoso che non sa stare allo scherzo.
- Era una comune automobile come se ne vedono tante a Roma.

- La gita è stata noiosa perché Peppino guidava piano e parlava solo della sua macchina.
- Una donna in una macchina con targa francese fa una frenata e Peppino la tampona, la urta da dietro. È così che Peppino, pignolo com'è, inizia una lunga discussione bloccando tutto il traffico.
- Cesare, per evitare spiacevoli situazioni, ha risolto la situazione dell'incidente ed è riuscito ad andare via da solo e mortificare Peppino.

11. Risposte suggerite:
1. Peppino è un uomo piccoletto con le spalle larghe e le gambe corte.
2. Al bar Peppino ha annunciato agli amici che aveva ordinato una macchina ma a loro non interessava niente del suo acquisto.
3. Siccome la macchina era nuova, Peppino guidava piano.
4. Ad un tratto, una macchina con la targa francese fa una brusca frenata e Peppino finisce con il paraurti dentro la parte posteriore di quella macchina.
5. Cesare ha attraversato la strada, è andato al bar e ha preso un aperitivo.

12. Risposte libere

13. 1.F, 2.V, 3.F, 4.V, 5.V, 6.F 7.V

14. 1.a, 2.b, 3.a, 4.b, 5.a

15. Risposte libere

16. 3.a, 8.b, 4.c, 6.d, 5.e, 7.f, 1.g, 2.h

17. 1. a, 2. di, 3. di, 4. con, 5. in, 6. per

18. Risposte libere

19. Risposte suggerite:
1. L'autista privato.
2. È un suo amico e gli consiglia di andare dall'avvocato Moglie che potrebbe

trovargli lavoro.

3. No, lo indirizza verso un'altra persona.
4. Lo manda dall'avvocato Scardamuzzi.
5. Non lo trova subito, fa il giro della città.
6. Il protagonista si ritrova a dover ritornare dall'avvocato Moglie che, mosso a pietà, decide di prenderlo come suo autista privato finché non trova un nuovo lavoro.

20. 1. disoccupazione, 2. pensiero, 3. inchino, 4. guida, 5. raccomandazione

21. Risposte libere

22. 1.b, 2.a, 3.b, 4.a, 5.b, 6.a

23. 1. gioia, 2. sincero, 3. caso, 4. dispiacersi

24. Risposte libere

25. 1. quartieri, 2. colore, 3. cupola, 4. casa, 5. corso

26. 1. lunga, 2. certo, 3. lontanissima, 4. sereno, 5. tranquillo, 6. cattivo

27. Risposte libere

28. Risposte suggerite:

1. Cosa hai? / Soffri di qualcosa?
2. Che cos'è la noia?
3. Che effetto ti fa la noia?
4. A cosa somiglia?
5. Ne soffri da poco?
6. Cosa ti succedeva durante l'infanzia?
7. Cosa faceva tua madre per aiutarti?
8. Ti faceva sentire meglio?

29. 1.h, 2.f, 3.c, 4.b, 5.g, 6.d, 7.e, 8.a

30. Risposte libere

Fonti fotografie

pag. 6: www.oknetwork.it; **pag. 56:** www.agenziastampaitalia.it; **pag. 58:** https://upload.wikimedia.org; **pag. 59:** www.lombardiabeniculturali.it; http://illusioncity.net; **pag. 65:** www.roars.it; **pag. 68:** http://2.bp.blogspot.com; **pag. 69:** https://stradeperdute.files.wordpress.com; https://meddletv.files.wordpress.com

Primiracconti è una collana di racconti rivolta a studenti di ogni età e livello. Ogni storia è accompagnata da brevi note, da originali e simpatici disegni, da una sezione con esercizi e relative soluzioni. È disponibile anche la versione libro + CD audio che permette di ascoltare tutto il racconto e di svolgere delle brevi attività.

Un giorno diverso (A2-B1) racconta una giornata indimenticabile di un comune impiegato, Pietro, che un bel giorno decide di cambiare completamente vita. Nonostante cambiar vita non sia facile, Pietro, dopo alcuni anni di routine, decide di licenziarsi e di godersi nuovamente la giornata, facendo colazione al bar, camminando per Roma, facendo spese. È proprio in un negozio di abbigliamento che conosce Cinzia...

Il manoscritto di Giotto (A2-B1). Chi ha rubato il manoscritto? Il furto di un'opera di inestimabile valore, un trattato sulla pittura che rivela anche un segreto legato al grande artista Giotto, scuote la vita dei giovani protagonisti della storia: uno di loro è il colpevole? Così sembra pensare la polizia e così sembrano dire le prove. Solo l'amicizia che lega i ragazzi tra loro e le attente indagini del commissario Paola Giorgi risolveranno il mistero.